1895 - Avril - 3

Vente du Mercredi 3 Avril 1895

A DEUX HEURES PRÉCISES

Hôtel Drouot — Salle n° 10

DESSINS ORIGINAUX

PROVENANT DU

Courrier Français

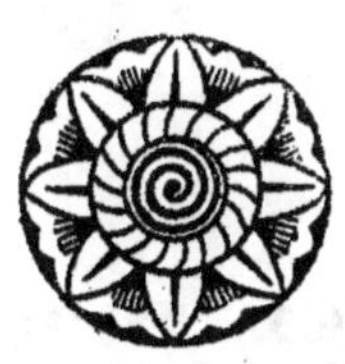

Me Jules PLAÇAIS	**M^e Ed. KLEINMANN**
COMMISSAIRE-PRISEUR	EXPERT, MARCHAND DE DESSINS
29, rue de Maubeuge	8, rue de la Victoire

PARIS — 1895

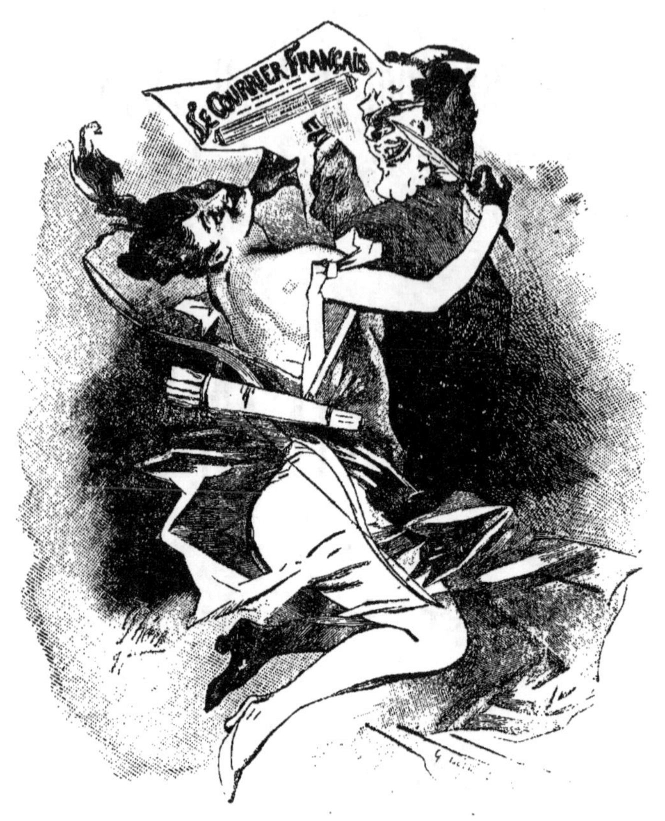

Le Courrier Français

Journal Hebdomadaire illustré

DOUZIÈME ANNÉE   Prix du Numéro : **50 Centimes**   DOUZIÈME ANNÉE
dans tous les kiosques, libraires, gares, etc.

DIRECTEUR : JULES ROQUES

BUREAUX : *PARIS, 19, rue des Bons-Enfants, 19, PARIS*

ABONNEMENTS :

PARIS ET PROVINCE........   Un an : **25** fr.; Six mois : **12ᶠ 50**.
ETRANGER..............   Un an : **35** fr.; Six mois : **20** fr.

PRIMES EXCEPTIONNELLES
Envoi numéro spécimen sur demande.

Catalogue des Dessins

MIS EN VENTE

à l'Hôtel Drouot, Salle n° 10

le Mercredi 3 Avril 1895

Antony.
.Béjot (Eugène).
De Ber.
Capy (Marcel).
Chéret.
Dudley-Hardy.
Duperelle.
Eckhardt.
Forain.
Gasperi (Raphaël).
Gray (Henri).
Guédan (Martin).
Gustave.
Heidbrinck.
Jacquemin (Jeanne).

La Cigale.
Legrand (Louis).
Lourdey.
Lubin de Beauvais.
Lunel.
Manuel.
Paul (Hermann).
Pegram.
Penot (A.).
Pille (Henri).
Roëdel.
Townsend.
Uzès.
Vanteyne (Antonin).
Willette (A.).

Mᵉ Jules PLAÇAIS
Commissaire-Priseur
29, rue de Maubeuge.

Mᵉ Ed. KLEINMANN
Expert, Mᵈ de Dessins
8, rue de la Victoire.

CONDITIONS DE LA VENTE

Elle se fera au comptant.

Les acquéreurs paieront, en sus des adjudications, cinq centimes par franc.

Les dessins et épreuves sont vendus avec interdiction formelle de droit de reproduction.

M. Kleinmann se charge des commissions des personnes qui ne pourraient assister à la vente.

DESSINS

ANTONY

1. Arabe.

BEJOT (Eugène)

2. Les Joies du plein air.

DE BER

3. Sortie du Jardin de Paris.
4. Quelques costumes du Bal des Quat'z'arts
   en 1893.

CAPY (Marcel)

5. — Choisis bien tes amants, me disait ma
   pauvr' mère. — Ah! oui, qu'elle avait
   raison la sainte femme.

CHÉRET

6. Patineuse. (Epreuve lithographique sans lettre.)
7. Epreuve lithographique. (Femme jouant de la mandoline.)
8. Epreuve lithographique pour un menu de la Marmite.
9. Epreuve lithographique. (Marmitons.)
10. Epreuve lithographique. (Dessin ayant servi à illustrer l'invitation au Bal des Quat'-z'arts en 1893.)
11. Epreuve sur chine (unique) ayant servi à illustrer une invitation au bal du *Courrier français*.
12. Réduction de l'affiche Pastilles Géraudel en couleurs.
13. Réduction de l'affiche Pastilles Géraudel en bistre.

DUDLEY-HARDY

14. Croquis de l'affiche de « Sᵗˢ Paul's ».
15. Croquis de l'affiche de « Gaiety girl ».

DUPERELLE

16. Le Courrier du Roy.

ECKHARDT

17. Le Flirt à Brighton.
18. Les Boxeurs forains.

FORAIN

19. Esthétisme. — Jack, qu'est-ce que vous diriez si je vous commandais de m'embrasser? (Epreuve unique sur chine.)
20. — Mon cher... perdez donc l'habitude de me tutoyer. (Epreuve unique sur chine.)
21. Pauvres vieux. — Alors, c'est ça que t'appelles « sortir pour chercher le *Temps!* » (Epreuve unique sur chine.)
22. — Comme c'est gentil ici! (Epreuve unique sur chine.)

GASPERI (Raphael)

23. Type de paysan limousin.

GRAY (Henri)

24. La Marchande de pommes.
25. Une entrée au bal des Incohérents.

GUÉDAN (Martin)

26. Au bal des Quat'z'arts.
27. L'Eveil sentimental.

GUSTAVE

28. Au bal du *Courrier français*.

HEIDBRINCK

29. Projet de statue à Ricord.
30. Chanteur des rues.
31. Au Nouveau Cirque.
32. Le Bon pasteur.
33. Dessin de costumes.
34.   d^o
35.   d^o
36. Dessin ayant servi à illustrer le programme de la représentation au bénéfice de M. J. Blass.
37. La Glace.
38. Pour illustrer la Ballade des Marloupattes.
39. Automne. — Dernières feuilles.
40. Le Vent.
41. Projets de costumes pour le « Bal des Femmes » du *Courrier français*.
42. Au Salon. — Devant le Bouguereau.

JACQUEMIN (Jeanne)

43. Fusain (pour illustrer un conte de Jean Lorrain).
44. Fusain (pour illustrer un conte de Jean Lorrain).

45. Fusain (pour illustrer un conte de Jean Lorrain).
46. Fusain. La Mandragore (pour illustrer un
conte de Jean Lorrain).

LA CIGALE

47. Le Chantage au dix-neuvième siècle.

LEGRAND (Louis)

48. Polaire aux Ambassadeurs.
49. Dessin.
50. Croquis de danseuses.
51. Page d'album.

LOURDEY

52. — Est-ce que tu t'en souviens, toi, de la
boucle qu'il m'avait faite.

LUBIN DE BEAUVAIS

53. Faunes.

LUNEL

54. La Vacherie du Pré-Catelan à quatre heures
du matin.
55. A la fête de Neuilly.
56. Rentrée des classes.
57. Messieurs de l'Octroi.

MANUEL

PAUL (Hermann)

103. Le Peintre consciencieux.
104. Un motif.
105. Le Coin pittoresque.

PEGRAM

106. Dessin.

PENOT (A.)

107. Projets de costumes pour le bal des
Quat'z'arts.

PILLE (Henri)

108. Don Quichotte.
109. Le Miroir.
110. La place du parvis Notre-Dame pendant le
Carnaval.
111. Un duel interrompu.
112. Les Boussigneul.
113. *Les Trois Mousquetaires* à la Porte-Saint-
Martin.
114. A l'Ambigu.
115. Printemps. — Premier bourgeon.
116. Le Jour des Morts au village.

ROËDEL

117. Le Couscouss.
118. Un musicien arabe.

TOWNSEND

UZÈS

VANTEYNE (Antonin)

138. Types de marlous.
139. Types de marlous.
140. Types de marlous.

WILLETTE

141. Le Palais de Glace et le Pôle Nord (dessin aquarelle pour les costumes de la *Revue déshabillée*).

142. Le coiffeur 1830 (croquis de costume pour la *Revue déshabillée*).

143. Le Pédicure (croquis de costume pour la la *Revue déshabillée*).

144. Le Petit Diabétique et deux agents des mœurs (croquis de costume pour la *Revue déshabillée*).

145. Le coucher d'Yvette, Phrynée et la douche de Diane (croquis de costume pour la *Revue déshabillée*).

146. Le timbre (croquis de costume pour la *Revue déshabillée*).

147. *Vénus:* « Quelles giboulées!... veux-tu bien finir, vilain Mars!... »

    Mars : « Oh! jamais : ne trouver à mon retour que de la morue!... Tonnerre de Dieu! »

148. *Entre savants :* « Jamais ces canons ne

tueront autant d'hommes que moi avec ma science. »

149. *Mi-Carême.* — Deux reines. — Bataille.

150. Suzanne Montès.

151. Le Bicycliste mélomane.

152. Tiercy.

153. Le Pianiste accompagnateur des étoiles.

154. Le Protestant en voyage : « Ça coûte donc bien cher un pantalon, ô ma sœur ! »

155. Soubrette Louis XVI.

156. — Ah! c'est toué la nouvelle année, t'es ben comme ta défunte mère, t'as la gueule en tirelire. »

157. M. Bérenger : « Si j'avais été de ce temps... il n'y aurait pas eu de Madeleine au pied de la croix ! »

158. A la porte du bal du *Courrier français :* « Salut, citoyen directeur ! Ah! j'suis le vieux rire français, le p'tit père Rigolo. — Impossible de vous laisser entrer, car je reçois le bon goût et le raffinement français et attique. »

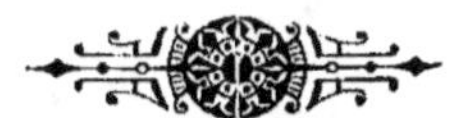

Paris. — Imp. Paul Lemaire, 14, rue Séguier.